I0026457

8ᵉ Tᵉ 88
d
2001

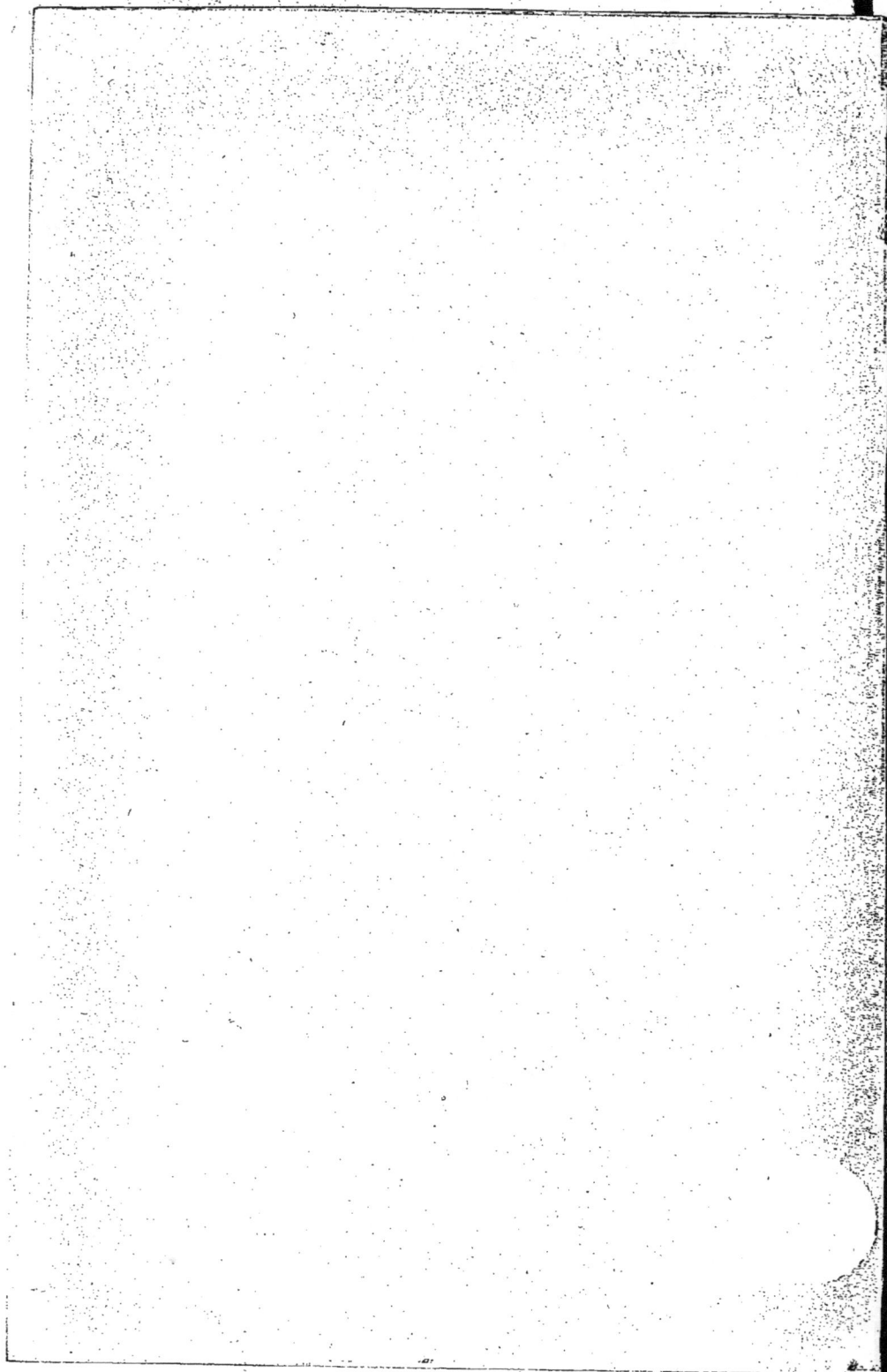

Bibliothèque nationale

SOCIÉTÉ FRANÇAISE D'OPHTALMOLOGIE

CONGRÈS DE 1911

Ecriture Penchée

BIBLIOTHÈQUE NATIONALE · IMPRIMÉS

Ecriture Droite

PAR

MM. PÉCHIN & DUCROQUET

PARIS

G. STEINHEIL, ÉDITEUR

2, RUE CASIMIR-DELAVIGNE, 2

1911

Td 86
2091

8°Td 88
2091

SOCIÉTÉ FRANÇAISE D'OPHTALMOLOGIE

CONGRÈS DE 1911

Ecriture penchée. Ecriture droite

Par MM. PÉCHIN et DUCROQUET.

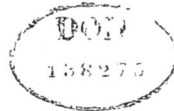

En 1908, nous avons déjà traité ce sujet devant vous. Nous y revenons aujourd'hui afin de préciser certains points, répondre aux critiques et objections qui nous ont été faites depuis, et donner à cette question sa véritable importance.

D'une façon générale on a exagéré les conséquences fâcheuses qui peuvent résulter d'une mauvaise attitude ; des commissions nommées à cet effet ont averti les pouvoirs publics et sont parvenues à les émouvoir en dénonçant la myopie scolaire et la scoliose comme deux fléaux qui séviront dans les écoles, si l'on n'y prend garde, et avec une égale injustice les adversaires de chaque méthode d'écriture s'adressent les mêmes reproches immérités. Tout le monde s'en est mêlé, ceux qui ont quelque expérience et quelque compétence comme aussi et l'on pourrait dire surtout, ceux qui ignorent les notions élémentaires de ce sujet. On n'a pas manqué d'activer la lutte en créant des ligues qui n'ont eu d'autre résultat que d'embrouiller les choses et de former deux parties plus séparées que jamais dont la plupart des adhérents ont plus de foi que de savoir et sont par conséquent réfractaires à toute explication.

* *

Pour arriver à démontrer que telle ou telle méthode d'écriture est la meilleure, nous devons d'abord énoncer quelques propositions fondamentales qui nous serviront de base et qui sont les suivantes :

L'attitude pour l'écriture exige une action musculaire. C'est la position, l'attitude musculaire ; or cette attitude ne peut se prolonger indéfiniment ; à un moment donné, variable selon les individus et selon les conditions de fatigue, l'attitude de repos s'impose, elle devient nécessaire, nul ne peut y échapper. L'effort continu est impossible.

Dans la position de repos, seuls les ligaments interviennent, c'est la position ou attitude ligamenteuse et passive par opposition à l'attitude ou position musculaire et active.

Pour l'écriture, la position de repos est celle qui assure la position de repos au rachis.

La position, l'attitude de repos pour le rachis, doit être exclusive de toute attitude vicieuse.

Qu'il s'agisse de l'écriture penchée ou de l'écriture droite, la position de repos idéale est de se tenir appuyé sur les deux coudes.

Ces propositions sont des principes de physiologie et d'orthopédie générale. Ils sont incontestables.

* *

Ceci pris pour base, examinons le mécanisme de l'écriture penchée et celui de l'écriture droite, nous les comparerons entre eux, et de cette comparaison ressortira la supériorité de l'une ou l'autre méthode.

Le mécanisme de l'écriture penchée est le suivant (fig. 1 et 2). Le sujet appuie les deux coudes sur la table ; le coude droit reste fixe ; pour écrire une ligne, l'avant-bras se développe en faisant un mouvement de pivot autour du coude.

L'angle que fait l'avant-bras varie, mais le coude reste fixe.

Pour l'exécution du mot, les doigts ont des mouvements

Fig. 1. — Ecriture penchée. Position de départ.

de flexion et d'extension exécutés par des muscles synergiques (fléchisseurs, extenseurs). Le poignet n'est pas immo-

Fig. 2. — Ecriture penchée. Position d'arrivée.

bile, mais les mouvements légers dont il peut être le siège sont accessoires.

Ce mécanisme devient facilement automatique.

Dans l'écriture penchée, le commencement de la ligne est placé devant le sujet au milieu du corps (fig. 1). Pendant l'écriture, la tête exécute un mouvement de rotation de gauche à droite combiné à un mouvement d'extension de la tête, parce que la fin de la ligne, en écriture penchée, est plus éloignée que le commencement (fig. 2).

FIG. 3. — Ecriture droite. Position de départ.

Le mécanisme de l'écriture droite est le suivant (fig. 3 et 4) : le sujet appuie les deux coudes sur la table (comme

FIG. 4. — Ecriture droite. Position d'arrivée.

dans le mécanisme de l'écriture penchée). L'angle du bras et de l'avant-bras droits ne varie pas.

Pour parcourir la ligne, le sujet déplace le membre supérieur en masse. Le coude est en mobilité constante (fig. 4).

Pour l'exécution des lettres, les mouvements de flexion et d'extension des doigts ne suffisent plus, il faut des mouvements complexes de circumduction et de rotation du poignet, mouvements combinés bien autrement fatigants que les simples mouvements de flexion et d'extension des doigts que nous trouvons dans l'écriture penchée. Et ces mouvements nécessitent une assez grande attention du sujet afin d'être exécutés correctement.

L'écriture penchée est d'un mécanisme facile ; l'écriture droite a, au contraire, un mécanisme compliqué ; elle demande en plus un effort cérébral ; elle comporte par conséquent un automatisme plus difficile à acquérir. De là la fatigue plus grande que l'écriture droite entraîne.

Dans l'écriture droite, le cahier est placé un peu en dedans (à gauche) de la ligne médiane du corps (fig. 3). Dans la position de départ la tête est droite ; le sujet regarde le bord gauche du cahier ; les deux yeux sont à la même distance du cahier. Pendant l'écriture les yeux suivent la ligne, et au bout de cette dernière, c'est-à-dire la position d'arrivée (fig. 4), la tête a exécuté un mouvement de rotation de gauche à droite autour d'un axe vertical allant du trou vertébral à l'extrémité supérieure de la tête. Il n'y a pas eu de mouvement d'extension comme dans l'écriture penchée parce que la ligne d'écriture n'a pas d'élévation. L'œil gauche est plus rapproché du cahier ; l'œil droit en est plus éloigné (fig. 4).

La position des yeux est la même dans les deux écritures dans l'attitude de départ ; dans l'écriture penchée ils sont un peu éloignés à la fin de la ligne seulement.

*
* *

Nous devons examiner, maintenant que nous connaissons les deux mécanismes, celui qui assure le mieux une position de repos au rachis. Et, nous le savons, la position de repos idéale est de se tenir appuyé sur les deux coudes (fig. 1).

Avec le mécanisme de l'écriture penchée la position de repos est assurée. Les coudes et les avant-bras touchant la table, deviennent un point d'appui qui ne fera pas défaut pendant tout le cours de l'écriture, car les deux coudes restent fixes, aussi bien le coude droit que le coude gauche, et cela parce que pour écrire la ligne l'avant-bras se déve-

loppe en faisant un mouvement de pivot autour du coude
et que l'angle formé par le bras et l'avant-bras seul varie,
le coude restant fixe et aussi le point d'appui par conséquent.
Pendant les périodes de fatigue le sujet aura une bonne
attitude de repos, attitude ligamenteuse non vicieuse. La
position est ainsi bifessière, la colonne vertébrale reste
droite et les épaules sont à égale hauteur.

Avec le mécanisme de l'écriture droite la position de repos
est assurée, mais seulement lorsque le sujet *prend position*

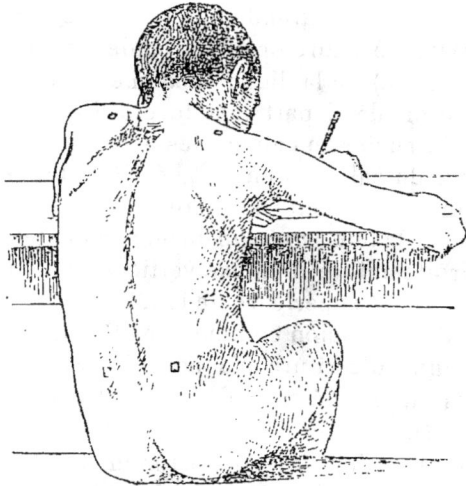

Fig. 5. — Position unifessière.

pour écrire. Dans l'écriture droite le coude droit est mobile
(fig. 4) ; cette mobilité est la caractéristique du mécanisme
de cette écriture. L'appui qui existait au moment où le sujet
prenait position pour écrire va cesser d'exister au cours de
l'écriture. Pendant l'écriture droite, en effet, le coude droit
se déplace continuellement, il ne peut en être autrement,
car l'angle du bras et de l'avant-bras ne varie pas, et nous
avons vu que pour parcourir la ligne le membre supérieur
doit se déplacer en masse. Or, ce déplacement, cette mobilité constante du coude, enlève le point d'appui à droite et
nécessairement compromet la position normale de repos
que le sujet recherchera dans une attitude vicieuse et notam-

ment la position unifessière (fig. 5), attitude vicieuse, encore aggravée par l'abaissement de l'épaule droite. On ne peut contester cet abaissement forcément produit par l'éloignement du coude.

Donc, et c'est ce que nous avions à prouver, si, comme on ne saurait contester ce principe d'orthopédie générale, à savoir que la position de repos idéale pour le rachis est de se tenir appuyé sur les deux coudes, les bras devenant ainsi des béquilles pour le tronc, il est bien certain que le mécanisme de l'écriture penchée assure cette position normale de repos, position exclusive d'une attitude ligamenteuse vicieuse, et qu'au contraire le mécanisme de l'écriture droite la compromet absolument.

Pour cette raison l'écriture penchée est donc préférable à l'écriture droite.

* *

Poursuivons la comparaison entre les deux écritures et nous allons voir que toujours l'avantage reste à l'écriture penchée.

L'écriture penchée est moins difficultueuse que l'écriture droite. Cela ressort de toute évidence de la comparaison des deux mécanismes. On ne saurait, en effet, soutenir que des mouvements de flexion et d'extension des doigts exécutés par des muscles synergiques (fléchisseurs, extenseurs) avec mouvements légers et accessoires du poignet, et qui constituent le mécanisme automatique de l'écriture penchée, sont plus difficiles à exécuter que les mouvements complexes de circumduction et de rotation du poignet qui caractérisent le mécanisme de l'écriture droite.

Les gens qui écrivent vite écrivent penché, c'est donc que l'écriture droite est plus difficultueuse. Les enfants écrivent penché pour aller vite et se soustraire à la fatigue de l'écriture droite.

« On ne peut, dit Beauvois (loc. cit., p. 424), exiger d'un petit enfant les mouvements complexes du poignet et des doigts qui caractérisent l'écriture penchée. » M. Beauvois voit des mouvements complexes du poignet et des doigts dans l'écriture penchée ! et ce sont ces mouvements qui

caractérisent, selon lui, cette écriture. Mais c'est le contraire qui existe.

Il ne faut pas confondre les mouvements du poignet dans
l'écriture, dite expédiée, variété d'écriture penchée, avec
les mouvements du poignet et des doigts dans l'écriture
droite. L'écriture expédiée a été très bien décrite par Javal,
c'est le type de l'écriture courante et rapide, un type d'é-
criture penchée, atypique, à la portée seule des habiles
écrivains et dont le mécanisme est caractérisé par la trépi-
pidation du poignet. Nous l'appellerons la voltige de l'écriture penchée. Or ce n'est pas ce genre d'écriture qu'on doit
envisager ici. A des enfants à qui l'on veut enseigner la
gymnastique, il ne convient pas de faire faire de la voltige,
et nous laisserons le mécanisme de l'écriture expédiée aux
acrobates de l'écriture.

Au contraire, dans l'écriture penchée, l'exécution des lettres se fait avec des mouvements simples de flexion et
d'extension des doigts, plus faciles par conséquent que les
mouvements de circumduction et de rotation du poignet
dans l'écriture droite. Pour nous en convaincre, regardons
un enfant tracer un bâton avec le mécanisme de l'écriture
penchée. Ce mécanisme devient automatique. Un simple
mouvement de flexion, puis un mouvement d'extension
pour préparer le mouvement de flexion suivant, et c'est tout.
La simplicité de ce mécanisme sera rendue évidente par
l'examen à la loupe de ce bâton. Il en sera autrement si on
examine avec la loupe le bâton fait par l'enfant avec le mécanisme de l'écriture droite. Il s'agit alors d'un véritable
dessin pour l'exécution duquel entrent en jeu l'attention,
des mouvements de la main, de l'avant-bras et correctifs du
poignet, et la loupe montrera les irrégularités et les trem-
blements qui traduisent les difficultés de ce mécanisme.

Mais, dira-t-on, l'enfant a une tendance naturelle à écrire
droit. C'est vrai, mais il y a une explication à cela et nous
l'avons déjà donnée.

L'enfant est inhabile, inexpérimenté, et c'est pour cette
raison que, livré à lui-même, il procède pour écrire par les
moyens les plus difficultueux et les plus maladroits. C'est
d'ailleurs la règle générale pour tout apprentissage. Au fur,

et à mesure que l'expérience s'acquiert, les moyens se simplifient et l'effort diminue. Ne voit-on pas cette règle se vérifier à chaque instant ? Dans tous les sports et dans tous les exercices ou travaux corporels, en général, les plus habiles donnent le minimum d'efforts, parce qu'ils ont la forme d'exécution la plus simple.

*
* *

« Est-il rien de plus contraire à son développement rationnel que de condamner l'écolier, pendant sa croissance, à se tenir dans la position oblique et contournée que nécessite l'écriture penchée ?

« Observez l'enfant qui écrit penché. Il est assis de côté sur le banc, le corps penché ; il s'appuie d'un seul côté, le coude gauche avancé, le coude droit rapproché et collé contre le corps, le pied gauche placé en avant du droit. Dans cette position le poids du corps, au lieu d'être supporté également des deux côtés l'est seulement par le coude et l'ischion gauches. La colonne vertébrale, si fragile à ce moment de la formation physique, dévie de la direction verticale, s'infléchit et se courbe. Les vertèbres subissent une torsion et le côté gauche du thorax venant s'appuyer sur le bord de la table comprime les poumons, engendre la déformation des côtes et du sternum. Cette position penchée force la tête à s'incliner à gauche et en avant, les yeux se rapprochent du papier ; la vue s'affaiblit. »

Voilà ce que les ligueurs contre l'écriture penchée osent écrire ! Est-ce assez exagéré ! ainsi voilà un enfant bossu, presqu'aveugle pour avoir écrit penché ! On devra le montrer aux autres comme réclame pour l'écriture droite. En lisant cela on pense à M. Purgon dans le *Malade imaginaire* : « Et je veux qu'avant qu'il soit quatre jours vous deveniez dans un état incurable, que vous tombiez dans la bradypepsie, de la bradypepsie dans la dyspepsie, de la dyspepsie dans l'apepsie, de l'apepsie dans la lienterie, de la lienterie dans l'hydropisie et de l'hydropisie dans la privation de la vie où vous aura conduit... l'écriture penchée . »

C'est encore la scène entre Argan et Toinette dans laquelle « le poumon » est remplacé par « l'écriture penchée ».

Où les ligueurs ont-ils vu que l'attitude de l'écriture penchée est celle qu'ils décrivent avec tant de complaisance ? Dans sa communication à la Société française d'ophtalmologie (1909, p. 416), M. Beauvois a reproduit, lui aussi, cette attitude que reproduisent à l'envi tous ceux qui inventent des méthodes d'écriture droite et s'efforcent de montrer par le dessin combien se tiennent mal les enfants qui écrivent penché. Est-il, en effet, assez mal campé cet enfant mal assis sur un tabouret, le membre supérieur gauche en avant, le membre supérieur droit, au contraire, très en arrière. Le pied gauche en avant et le pied droit en arrière nous choquent moins, car nous n'en sommes pas encore arrivés à croire que, pour bien se tenir pour écrire, il faille tenir les pieds l'un contre l'autre et les talons rapprochés comme le ferait un soldat sous les armes.

Et c'est cette attitude que M. Beauvois, à l'exemple les partisans de l'écriture droite, donne comme type de la *position d'un enfant écrivant penché*. Quelle erreur ! Cette position est celle d'un enfant qui se tient très mal et voilà tout. Il pourrait se tenir de même, et plus mal, si c'est possible, pour écrire droit. Et cela prouve seulement qu'on peut se tenir mal, qu'on écrive droit ou penché.

Il y a une attitude typique pour l'écriture penchée, comme il y a une attitude typique pour l'écriture droite. On peut prendre des attitudes atypiques dont le nombre varie avec la fantaisie de chacun ; or ce n'est pas sur ces attitudes atypiques et fantaisistes que le raisonnement et la discussion doivent porter. Et c'est pourquoi nous avons eu soin de décrire les deux mécanismes typiques. Et c'est aussi pourquoi les adversaires de l'écriture penchée se sentant mal à l'aise sur cette base scientifique qui les condamne, en prennent une autre où ils ne sont tenus à l'observation d'aucun principe et où tous les raisonnements paraissent bons.

Non, l'attitude de l'enfant qui écrit penché n'est pas celle que donne la figure 1 dans les *Bulletins et Mémoires de la Société d'ophtalmologie*, p. 416 (1909). La position typique dans l'écriture penchée est celle que nous représentons par les figures 1 et 2. Cette position est conforme au mécanisme que nous avons décrit.

La position qu'indique M. Beauvois dans la figure 2 (*Bulletins et Mémoires de la Société française d'ophtalmologie*, 1909, p. 420, avec pour légende « position d'un enfant écrivant droit. Colonne vertébrale droite, épaules à même hauteur) ne répond pas plus à la position dans l'écriture penchée que dans l'écriture droite. Cette figure représente la position typique dans les deux écritures, avec cette différence capitale que la position restera bonne dans l'écriture penchée alors qu'elle deviendra défectueuse au cours de l'écriture droite. M. Beauvois donne (*loc. cit.*) des figures 2, 3, 4, représentant un enfant qui se tient pour écrire droit, qui va écrire droit, mais il manque la figure la plus importante, celle qui va caractériser cette écriture droite, celle qui représente l'enfant en *train d'écrire*. Car c'est là précisément qu'est le nœud de la question. Que l'enfant se tienne bien ainsi lorsqu'il se dispose à écrire, nul ne le conteste ; mais pendant le parcours de la ligne dans l'écriture droite, que va devenir le coude droit ? que va devenir le niveau des deux épaules ? Notre figure 4 renseigne à cet égard ; il est regrettable que M. Beauvois, dans les cinq figures qui illustrent ses attitudes de l'écriture droite, ait omis la principale. Notre figure 4 est la plus démonstrative.

L'évidence des faits n'empêche pas M. Beauvois (*loc. cit.*) de dire : « L'abaissement de l'épaule droite que Péchin et Ducroquet reprochent à l'écriture droite et qui leur fait rejeter absolument cette méthode, est la règle dans l'écriture penchée. Avant même que l'enfant ait tracé le moindre trait, son épaule droite est plus basse que la gauche, et cette position ne peut que s'accentuer au fur et à mesure que la main, suivant la ligne du cahier, s'éloigne du corps. L'énorme différence, à notre avis, entre les deux méthodes, réside dans ce fait que cette position défectueuse, fatale avec l'écriture penchée, suivant les méthodes en usage dans les classes, peut être évitée avec l'écriture droite. »

Jamais de la vie nous n'avons dit que nous rejetions absolument l'écriture droite parce que son mécanisme entraîne l'abaissement de l'épaule. Nos arguments contre l'écriture droite, sont tout autres. Nous avons dit in *Bulletins et Mémoires de la Société française d'ophtalmologie*, 1908, p. 300 : « Au contraire, dans l'écriture droite le coude droit est mobile ; cette mobilité est la caractéristique du mécanisme de cette écriture. L'appui ne se fait et ne peut se faire que sur un seul coude, le gauche. Le sujet ainsi appuyé sur un coude et sur les deux fesses se trouve dans un état d'instabilité, le corps ayant une tendance à s'appuyer sur un point pour ne pas tomber en avant. »

Nous avons opposé cette mobilité du coude droit dans l'écriture droite avec pour conséquence le manque de point d'appui, à la fixité du même coude dans l'écriture penchée avec pour conséquence la constance dans l'appui, pour démontrer que, dans l'écriture penchée, le repos sur les coudes est assuré, que le point d'appui avec les deux coudes et les deux avant-bras ne peut faire défaut au cours de l'écriture et exposer à une attitude de fatigue. Et nous donnons la préférence à l'écriture penchée parce qu'elle est moins fatigante et par conséquent expose moins que l'écriture droite, plus fatigante, à une attitude vicieuse de repos.

Voilà ce que nous avons dit et pas autre chose. Et si, en effet, nous avons parlé de l'abaissement de l'épaule, c'est dans les termes suivants (*Bulletins et Mémoires de la Société française d'ophtalmologie*, p. 300) : « Que l'attitude dans l'écriture droite, prise au moment où l'écolier va écrire, soit une bonne attitude, une attitude normale et qui assure notamment la rectitude de la colonne vertébrale, c'est tout à fait exact ; mais c'est aussi l'*a priori* trompeur de la méthode. En effet, l'avant-bras droit se déplace constamment pendant que la ligne se poursuit, et ce déplacement se traduit par un abaissement de l'épaule correspondante. Cet abaissement de l'épaule est déjà une première déformation ; les deux épaules ne sont pas sur le même plan ; la symétrie parfaite du début, alors que l'écolier n'écrivait pas encore, mais s'apprêtait à écrire, n'existe plus, ou du moins est compromise. »

Donc, contrairement à l'assertion de M. Beauvois, nous n'avons pas dit que nous rejetions l'écriture droite parce qu'il y avait abaissement de l'épaule, mais bien parce que dans l'exécution de l'écriture droite on avait eu le tort de ne pas tenir compte de l'exécution et que la mobilité constante du coude droit supprimant le point d'appui pendant le cours de l'écriture était une des causes de la fatigue et provoquait une altitude vicieuse, l'attitude unifessière notamment. L'abaissement de l'épaule droite est une conséquence du mécanisme qui, en supprimant le point d'appui, éloigne le coude au fur et à mesure que la ligne d'écriture se poursuit, mais le manque d'appui reste le défaut caractéristique.

Fig. 6. — Écriture penchée. Position typique et correcte. Cette enfant est assise sur un siège à dossier.

Quant à l'appréciation suivante de M. Beauvois : « l'énorme différence entre les deux méthodes qui réside dans ce fait que la position défectueuse, fatale avec l'écriture penchée, suivant les méthodes en usage dans les classes, peut être évitée avec l'écriture droite », elle nous paraît erronée, car de l'étude des deux mécanismes typiques des deux écritures, il résulte avec évidence que celui de l'écriture penchée donnera une attitude au corps parfaite que ne peut donner l'écriture droite pour les raisons énoncées plus haut. L'assertion de M. Beauvois est une simple affirmation ; elle manque de démonstration, car ce n'est pas une démonstration que de montrer par un dessin un enfant qui se tient très mal, et de mettre au-dessous comme légende : « Position d'un enfant écrivant penché ».

Et ce n'est pas le mécanisme de l'écriture droite qui est capable d'être un correctif puisque c'est ce mécanisme même de l'écriture droite qui, étant le plus fatigant, prédispose le plus à l'attitude vicieuse.

Et c'est vraiment un procès de tendance que M. Beauvois, avec ceux au nom de qui il parle, fait à l'écriture penchée lorsqu'il dit : « Avant même que l'enfant ait tracé le moindre trait, son épaule droite est plus basse que la gauche et cette position ne peut que s'accentuer au fur et à mesure que la main suivant la ligne du cahier s'éloigne du corps. » On n'a qu'à regarder notre figure 1 pour se rendre compte que dans l'écriture penchée (encore une fois nous parlons de la position typique) les épaules sont à la même hauteur. Et il ne saurait en être autrement. Et si l'on regarde la fig. 1 de M. Beauvois (*Société française d'ophtalmologie*, p. 416), on verra que cette figure est en complet désaccord avec son texte. Ce n'est nullement, comme il le dit, l'épaule droite qui est plus basse, dans l'écriture penchée, mais sa figure nous montre au contraire l'épaule droite plus élevée et l'épaule gauche plus basse, et il en doit être ainsi puisque M. Beauvois prétend que l'enfant tient son bras gauche en avant. Quelle contradiction ! La faute en est à M. Beauvois qui a pris pour exemple de position d'écriture penchée une mauvaise altitude, une attitude atypique, et qui a soin de représenter pour l'écriture droite une attitude de début correcte ; cela s'appelle se bien servir. Mais la mesure dépasse les limites ; elle est trop injuste, pour qu'elle ne desserve pas la cause de l'écriture droite.

M. Beauvois voudra bien nous permettre de trouver son mobilier scolaire très défectueux (*loc. cit.*, p. 422). Son tabouret, sans dossier, est tout ce qu'il y a de moins confortable. Ce siège est celui qui convient le moins. Un bon siège doit être à dossier, un peu incliné en arrière, afin de permettre une position de repos dans l'intervalle de l'écriture.

Tout le monde sait qu'on est très mal assis sur un banc

sans dossier. Et pourquoi jucher cet enfant si haut ? Sans doute pour qu'il puisse placer ses pieds sur une barre d'appui. Il faut vraiment avoir envie de fabriquer un mobilier scolaire pour créer une disposition pareille. Si tant est que la colonne vertébrale se trouve bien d'une position correcte des pieds également avancés, nous ne voyons pas pourquoi le sol ne fournirait pas cet appui. Ce serait plus simple. Et puis la colonne vertébrale reposant sur les deux ischions n'a que faire de la position des pieds.

En a-t-on assez et même abusé du spectre de la cyphose et surtout de la scoliose provoquées par la mauvaise attitude que donne l'écriture penchée ! Nous nous sommes tous tenus plus ou moins mal pour écrire, et cependant nous ne sommes pas devenus bossus pour cela. Qu'une mauvaise attitude prolongée, répétée, soit dans certains cas une cause occasionnelle de déviations du rachis, nous n'y contredisons pas, et l'on doit admettre qu'une attitude vicieuse est capable de créer des déformations et des scolioses d'origne ligamenteuse chez des enfants prédisposés.

Mais si l'on doit incriminer une attitude d'écriture, ce n'est pas l'attitude typique de l'écriture penchée qui est une excellente attitude de repos. Nous l'avons démontré.

Le danger, si tant est qu'il y a danger, et chez certains prédisposés serait plutôt dans l'attitude de l'écriture droite qui est, nous l'avons vu, l'écriture la plus fatigante et qui nécessite une position de repos qui est fréquemment la position dite unifessière (fig. 5).

On a dit que la position inclinée du cahier entraînait l'inclinaison de la tête. C'est l'argument présenté comme suit par M. Broca et que beaucoup d'autres ont répété après lui. « Admettons, dit Broca, que l'écolier incline le bord de son cahier sur l'arête du pupitre. Les lignes vont être obliques en haut et en avant et à droite. Pour que l'axe transversal des yeux leur reste parallèle, l'écolier va forcément incliner la tête à gauche, position impossible à garder longtemps si elle n'est point due à une rotation semblable de la coonne ; mais celle-ci met l'œil gauche plus près du papier

que l'œil droit, d'où fatigue de l'accommodation. Aussi la
rotation s'exerce-t-elle sur le tronc en masse, c'est-à-dire par
torsion des corps vertébraux lombaires en avant et à gauche ; d'où attitude, au total, en scoliose dorsale droite lom-
baire gauche. »

Comme nous l'avons dit en décrivant le mécanisme de
l'écriture penchée, pendant l'écriture, la tête exécute un mouvement de rotation de gauche à droite combiné à un mouvement d'extension de la tête, parce que la fin de la ligne,
en écriture penchée, est plus éloignée que le commencement. La position des yeux est la même dans les deux écritures dans l'attitude de départ ; dans l'écriture penchée ils
sont un peu éloignés de la fin de la ligne seulement (fig. 1
et 2).

Vraiment sommes-nous fragiles à ce point, que nous
ne puisssions tourner légèrement la tête sans qu'aussitôt
la statique de la colonne vertébrale court autant de risques
et que les fonctions de l'accommodation et de la convergence
soient troublées ! Heureusement non. D'abord nous n'é-
prouvons nullement le besoin de mettre l'axe transversal de
nos yeux en parallélisme avec l'axe des objets que nous
regardons, autrement nous serions obligés constamment
de nous livrer à des mouvements de tête incessants. D'ailleurs ces mouvements dans l'écriture sont si légers et la
différence de distance des yeux au point fixé si petite qu'il
n'y a vraiment pas de quoi s'en occuper. Peut-on sérieuse-
ment parler de troubles d'accommodation ou de convergence chaque fois que dans l'action de regarder un objet
la distance de chaque œil à l'objet ne sera pas mathématiquement la même. Considérons les figures 1, 2, 3 et 4, et
nous verrons combien insignifiant est cet écart.

*
* *

Décidément nos adversaires ne sont pas tendres pour
nous. M. Beauvois dit (*loc. cit.*, p. 413) : « Ce n'est pas la
méthode penchée, mais une atténuation qui, tout en es-
sayant d'en pallier certains inconvénients, en conserve cependant quelques principes nuisibles. La position indiquée
par Péchin et Ducroquet n'est pas celle employée, n'est

pas enseignée dans les classes. L'enfant a la poitrine appuyée à la table et un peu plus à droite qu'à gauche. Il peut en résulter à la longue une compression pénible des organes thoraciques. Ce mécanisme est une tentative pour arriver à diminuer les inconvénients de l'écriture penchée. Demi-solution qui n'offre aucun avantage. En théorie le corps se tient droit ; en pratique l'enfant s'appuiera à la table et un peu plus à gauche qu'à droite. »

Ainsi les représentants de l'écriture droite ne veulent pas que notre mécanisme de l'écriture penchée soit le vrai. Et pourquoi ? Nous attendons la réponse. Nos figures 1 et 2 ne répondent pas à leur desideratum. Ils trouvent cette attitude de l'écriture penchée trop correcte ; ils voudraient que cette attitude fût représentée par leur figure à eux (*loc. cit.*, p. 446, fig. 1). Nous ne pouvons lui faire cette concession. Cette figure représentant l'attitude d'un enfant écrivant penché est réellement passible de tous les reproches, et cette attitude vicieuse au possible est celle d'un enfant qui se tient très mal. Il est possible que cet enfant veuille écrire penché, il veut peut-être aussi écrire droit ; et son attitude est vicieuse, très atypique dans les deux hypothèses.

L'attitude typique de l'écriture penchée (fig. 1 et 2) n'est pas, nous reproche t-on, enseignée dans les écoles. C'est bien dommage, et c'est parce que nous le regrettons que nous faisons nos efforts pour la réhabiliter, car on l'a calomniée en lui substituant des attitudes extravagantes, atypiques comme celle que M. Beauvois reproduit lui-même après tant d'autres. Et dans nos attitudes (fig. 1 et 2), M. Beauvois voit encore des inconvénients tels qu'une compression pénible des organes thoraciques.

Nous ne comprenons pas. Comment comprendre qu'un enfant qui écrit les deux coudes appuyés sur une table, avec l'avant-bras mobile et le coude droit fixe, puisse comprimer sa poitrine contre la table, et cela plus à droite qu'à gauche !

*
* *

Les partisans de l'écriture penchée ont tort de décrire plusieurs méthodes d'écriture ; car il n'y a pas plusieurs

mécanismes ; il y en a un typique, les autres sont atypiques
et forcément passibles de critique.

Nous nous garderons bien d'exposer toutes ces méthodes ;
il n'y aurait aucun intérêt à le faire.

Pourtant nous ferons une exception pour la méthode Desnoyers, et cela pour une question ennuyeuse de priorité.
M. Desnoyers lutte pour le bon combat, mais il préconise
une attitude différente de la nôtre et qui consiste à mettre les
deux coudes hors de la table. C'est une attitude atypique.

M. Desnoyers, professeur d'écriture, a voulu opposer
ligue à ligue. A la ligue de l'écriture droite, dont le siège
est à la maison Hachette, M. Desnoyers a fondé une ligue
de l'écriture penchée. Nous nous félicitons de compter
M. Desnoyers parmi les partisans de l'écriture penchée.
Mais il nous a paru qu'une commission d'études au sein de
cette ligue, défendait depuis 1908 l'écriture penchée en
insistant surtout avec *nos propres arguments tels qu'ils ont
été développés dans notre première communication à la
Société française d'ophtalmologie*, en mai 1908. Nous igno-
rons cette commission d'études, nous n'avons pas l'honneur
d'en connaître les membres avec lesquels nous n'avons jamais collaboré, et nous désirons même savoir où nous ren-
seigner sur ses travaux que nous n'avons vu publiés nulle
part. Notre travail sur le rôle de l'écriture au point de vue
ophtalmologique et orthopédique (*Société française d'ophtalmologie*, mai 1908) nous est absolument personnel. Il est
vrai que ce travail n'a pas passé inaperçu et que sur cette
question jusqu'ici embrouillée de l'écriture, un peu de lumière a été projetée par notre étude du mécanisme et de la
physiologie de l'écriture. Nous n'avons pas inventé, certes,
les principes de physiologie et d'orthopédie générale sur
lesquels nous nous sommes basés, mais nous nous en sommes servis, nous les avons appliqués comme ceux qui nous
ont précédés dans cette étude n'ont su le faire, et nous sommes arrivés à des formules qui nous appartiennent et qu'il
sera juste qu'on nous laisse. Notre étude physiologique de
l'écriture portant sur la fonction des bras et des yeux, fonctions étudiées dans l'écriture penchée et dans l'écriture
droite, avec comparaison des mécanismes pour faire res-

sortir celui qui s'allie à une attitude normale de repos sans
donner lieu à une attitude ligamenteuse, vicieuse, notre
définition de la position de repos idéale qui est de e tenir
appuyé sur les deux coudes, et celle des attitudes typiques
et atypiques nous ont conduits à des conclusions qu'aucune
argumentation n'a encore réfutées.

*
* *

L'écriture droite a de fervents partisans, et tous ne man-
quent pas de faire appel à George Sand et de citer la formule suivante qu'on lui attribue : « Corps droit, tête droite,
cahier droit, écriture droite ». La petite fille du Maréchal de
Saxe était surtout une romancière sentimentale et humanitaire ; sentimentale jusqu'à changer son nom de Dupin
contre celui de son ami Jules Sandeau, le conservateur de
la Bibliothèque Mazarine qu'elle fréquentait beaucoup ;
humanitaire comme en témoignent toutes ses œuvres faites
de cœur et de sentiment. Dans ses *Impressions et Souve-
nirs* parus en 1873 et qui constituent le journal de sa vie,
ainsi qu'elle l'annonce dans la première page, dans une
lettre adressée à Charles Edmond, bibliothécaire du Sénat,
on trouve p. 227, le chapitre qui renferme la précieuse formule. C'est le chapitre XI ; il est intitulé : *Les idées d'un
maître d'école.* C'est à Nohant (Indre) qu'elle a écrit ces
lignes qui valent la peine d'être reproduites. Elles apprendront à ceux qui en doutent que George Sand a réellement
parlé de l'écriture et à beaucoup de ceux qui le savent elles
apprendront exactement ce qu'elle en a dit.

Les idées d'un maître d'école. — Le maître d'école, c'est moi. J'ai peut-
être le droit d'usurper ce titre, puisque j'ai presque toujours eu un
élève à ébaucher, tantôt un enfant à moi ou des miens, tantôt un do-
mestique de l'un ou l'autre sexe, tantôt un paysan jeune ou vieux, qui
est venu me demander de lui apprendre à lire, poussé, lui, le paysan,
par une volonté exceptionnelle. J'ai donc fait, tout comme un autre, ma
petite expériencee, et je ne crois pas inutile d'en donner le résumé à
qui voudra en faire l'essai . . . .

. . . .
L'écriture est le complément nécessaire pour les notions d'orthographe que l'élève doit prendre en lisant. La méthode Laffore lui apprend avec raison que beaucoup de lettres placées à la fin des mots ne

se prononcent pas. Il ne faut pourtant pas qu'il s'habitue à croire qu'elles n'existent pas et qu'on peut se passer d'en tenir compte. Faites-le
écrire vite, c'est un nouvel alphabet à apprendre, mais l'élève est déjà
rompu à la notion et à l'observation des formes. Ne l'assommez pas de
bâtons et de jambages au delà d'un jour ou deux. Il n'est pas question
de lui donner d'emblée une belle écriture ; sa petite main s'il est enfant,
sa main alourdie s'il est adulte, son système nerveux non assu-
jetti comme le nôtre à la possession de soi-même ne lui permettront
pas de longtemps de vous donner une calligraphie brillante. Mettez-lui
un crayon dans les mains et laissez-le un peu s'exercer lui-même à
tracer des lignes de caractères fantastiques en imitation d'une page
écrite. Demandez seulement que les prétendus mots soient alignés et
que les signes de fantaisie s'enchaînent les uns aux autres quand sa
main sera un peu déliée, avisez à ce qu'il soit assis à son aise, ni trop
haut ni trop bas, tout est là ; ne laissez pas prendre de mauvaises ha-
bitudes dans la pose du corps. Il faut que le papier soit placé très
droit devant lui, que le coude droit ne se serre pas contre le corps et
ne s'appuie pas sur la table. Etudiez sa conformation et ne laissez com-
mencer que quand vous serez sûr de ne pas la contrarier trop brusquement si elle est défectueuse et de ne pas la fausser si elle est régulière.
Ne faites ni écrire ni lire tous les jours à la même place. Que tantôt il
reçoive la lumière à droite, tantôt à gauche, par derrière ou en face.
Vous savez déjà que pour son sommeil, il faut agir ainsi, afin que la
vue et le cerveau et tout le corps ne tendent pas à se développer d'un
côté plutôt que de l'autre, cas très fréquent durant la croissance.

Quand toutes vos précautions sont bien prises, minutieusement,
donnez plusieurs exemples imprimés de diverses écritures et laissez
choisir la forme de lettres qui paraît la plus facile. Supprimez l'effort
et n'exigez pas que l'élève s'astreigne à coucher son écriture de droite
à gauche. Puisque nous écrivons nos lignes de gauche à droite, il serait
plus naturel et plus facile de pencher les lettres de gauche à droite,
et l'expérience apprend que c'est le procédé le plus rapide et le moins
fatigant, puisqu'au lieu de serrer le bras droit au flanc, il l'en détache
et ne force pas l'épaule à se baisser, ce qui devient à la longue une
fatigue musculaire cruelle. Je suis persuadé que, dans beaucoup de cas,
le foie comprimé par ce coude qui veut coucher les lettres reçoit des
atteintes dont on ignore la cause. Pour éviter la torsion du buste,
beaucoup de personnes qui ont l'écriture très couchée de droite à gauche placent leur papier incliné dans le même sens et s'habituent à voir
les caractères qu'elles tracent en biais, dans une sorte de jour frisant,
très mauvais pour la vue.

Faites écrire droit. Corps droit devant le papier droit. Ecriture droite,
verticale, arrondie. C'est la meilleure, la plus lisible, la plus courante,
celle qui ne fatigue pas. C'est l'ancienne écriture française que l'anglo-
manie nous a gâtée avec ses formes élégantes souvent anguleuses et
sèches, dont il est presque impossible de nous corriger quand on nous
l'a enseignée de bonne heure.

N'imposez pas une écriture de convention absolue à votre élève. Les signes calligraphiques admettent beaucoup de variété dans le détail des formes accessoires. Demandez-lui de trouver le moyen d'enchaîner ses lettres et d'écrire tous ses mots sans en interrompre le trait. S'il y parvient sans effort et sans qu'aucune lettre soit déformée, s'il est parfaitement lisible et nullement fatigué, il sait écrire mieux que la plupart des adultes.

Tenez-le longtemps au crayon qui coule plus facilement que la plume, et dès qu'il est fixé sur la formation simple et facile de toutes les lettres, faites-lui lire une phrase courte, fermez le livre après qu'il l'a regardée attentivement, et dites-lui de l'écrire. Il s'habituera ainsi à l'orthographe qu'on ne sait pas au sortir du collège et qu'il serait bon de savoir un peu avant.

. . . .

J'ai dit. Vous ne m'écouterez point, gens de bonne intention, esclaves de l'habitude ; et vous encore moins qui ne vous souciez pas de bien ou mal diriger l'enfance ; mais si j'ai persuadé une douzaine de bonnes et sages mères de famille, je n'aurai pas perdu mon temps et ma peine.

De la patience et de la douceur surtout, mes braves cœurs ! Obtenez sans faire pleurer, vous aurez fait quelque chose de plus difficile et de plus grand que tous les romans de votre serviteur et ami.

GEORGE SAND.

Voilà textuellement ce que George Sand a dit de l'écriture. Ce sont là des préceptes qui émanent d'une femme pleine d'imagination et de sentiment, et qui se penche avec une tendre sollicitude vers l'enfance qu'elle adore et qu'elle veut entourer de bons conseils, mais qui parle, ici, de ce qu'elle ne sait pas. On sent, à l'écouter, que George Sand n'est pas, dans « *son Maître d'école* », un écrivain qui travaille uniquement un sujet d'orthopédie, loin de là, mais qui affirme par ses conseils sur l'écriture, donnés sans prétention scientifique, le soin qu'elle prend d'être utile à l'enfance.

Nous mettrons d'abord de côté la compression du foie par le coude, car il est certain que cette pathogénie d'affections hépatiques entrevue par George Sand est loin d'être prouvée, sinon fausse. Il n'y a pas non plus à retenir la recommandation de changer de place tous les jours pour lire et écrire afin de s'habituer à recevoir la lumière de tous côtés. Ces changements continuels n'ont pas la moindre utilité. George Sand pense qu'il y a danger pour celui qui lit ou écrit à se tenir toujours dans la même place par rapport à l'incidence des rayons lumineux, comme il y a danger, d'après elle, pour la vue, le cerveau et tout le corps à dormir toujours dans la même position, sous peine de voir notamment le corps se développer plus d'un côté que de l'autre. C'est là une physiologie fantaisiste qui met forcément en défiance. Mais il est vraiment dommage que George Sand ait ignoré la physiologie de l'écriture et l'orthopédie générale, car avec son jugement et son talent d'observation, elle n'eût pas manqué de recommander l'écriture penchée. Ne dit-elle pas, en effet, « puisque nous écrivons nos lignes de gauche à droite, il serait plus naturel et plus facile de pencher les lettres de gauche à droite, et l'expérience apprend que c'est le procédé le plus rapide et le moins fatigant, puisqu'au lieu de serrer le bras droit au flanc, il l'en détache et ne force pas l'épaule à se baisser, ce qui devient à la longue une fatigue musculaire cruelle ». N'en déplaise à nos adversaires, George Sand a condamné dans ces lignes l'écriture droite, mais sans le savoir, sans s'en douter. Elle a raison de dire qu'il est plus naturel et plus facile de pencher les lettres de gauche à droite (l'enfant se tenant dans la position qu'elle indique). Mais comment n'a-t-elle pas compris que la raison en était dans le mécanisme de l'écriture penchée ! Certes il est plus naturel et plus facile de faire des mouvements de flexion et d'extension pour l'exécution du mot, que des mouvements complexes et combinés de circumduction et de rotation du poignet qui caractérisent le mécanisme de l'écriture droite dans la même exécution du mot. Et ce mécanisme de l'écriture penchée, George Sand le déclare, au nom de l'expérience, le plus rapide et le moins fatigant. Mais nous ne disons pas autrement, et ce n'est pas sans une très grande satisfaction que nous constatons que George Sand est avec nous malgré sa formule. En rédigeant cette formule, elle a fait comme les écoliers qui, après avoir traduit et même compris chaque mot d'une version, se trompent dans la traduction générale de la phrase et font un contre-sens. Elle eût évité l'erreur en étudiant la question avec des notions de physiologie et d'orthopédie générale qui lui manquaient, et non avec ses seules facultés d'observation forcément incomplètes. Au lieu d'expliquer par le mécanisme de l'écriture penchée les avantages de cette

écriture, avantages qu'elle reconnaît si bien, elle dit : « C'est
le procédé le plus rapide et le moins fatigant, puisqu'au lieu
de serrer le bras droit au flanc il l'en détache et ne force pas
l'épaule à se baisser, ce qui devient à la longue une fatigue
musculaire cruelle. » Nous ne le lui faisons pas dire. Ainsi
George Sand avait très bien remarqué que l'abaissement
de l'épaule pendant l'écriture provoque une grande fatigue,
fatigue musculaire cruelle, dit-elle. Cette remarque, de fait,
est fort juste, mais l'explication ne l'est pas. Ce n'est pas
l'abaissement de l'épaule qui est fatigante, mais l'attitude
de l'écriture qui le provoque. C'est dans le mécanisme de
l'écriture droite que nous voyons l'épaule droite s'abaisser
puisque le coude s'écarte de plus en plus, et c'est le manque
d'appui sur ce coude qui provoque la fatigue. George Sand
analyse bien les mouvements et les attitudes, de même que
l'élève traduit ses mots, mais comme lui aussi, elle n'a pas
su faire ici la synthèse et a fait un contre-sens. Sa formule,
c'est-à-dire sa conclusion, est une surprise pour nous comme
elle l'aurait été sans doute aussi pour elle si elle eût été
avertie.

C'est Javal, en France, qui a été le défenseur de l'écriture
droite. En 1881, le ministre de l'instruction publique, Paul
Bert, chargea une commission composée de Gariel, Gau-
thiers-Villars, Gavarret, Hachette, Javal, Masson, de Mont-
mahon, Panas et Perrin de rechercher les causes du pro-
grès de la myopie et d'en indiquer les remèdes. Gariel était
le rapporteur de cette commission dans laquelle il a été voté
que, pour le premier enseignement de l'écriture, il convenait
de proscrire toute pente et d'adopter la formule : « cahier-
droit, écriture droite, corps droit ».

En 1882, le ministre de l'instruction publique nommait
une nouvelle commission de 80 membres. Des instituteurs,
des professeurs d'écriture furent appelés à donner leur avis.
Et la formule de George Sand fut encore adoptée, sur le rapport de Javal.

C'était un véritable engouement pour l'écriture droite.

Javal était l'âme de ces commissions, et nous le voyons
soutenir l'écriture droite à l'*Académie de médecine* en 1892,
1893, 1894 et 1895.

Belliard, chargé d'un rapport à la *Société d'ophtalmologie de Paris*, en 1892 donne les conclusions suivantes :

« L'écriture droite, avec un mobilier scolaire convenable a l'avantage de rendre les caractères plus lisibles et de s'opposer au rapprochement continu de la tête vers le papier.

« Pour passer de l'écriture droite à l'écriture penchée, il suffit d'incliner le papier vers la gauche en laissant les pleins des lettres perpendiculaires au bord de la table.

« Il est utile que les maîtres préviennent les parents des élèves qui ne pourraient pas travailler à la distance voulue, afin qu'il leur soit donné des soins spéciaux.

« Les élèves qui se destinent aux Ecoles militaires ou à l'Ecole normale devront, s'ils n'ont pas une vue normale, s'assurer avant de se préparer, qu'ils présentent les conditions de vision requises pour entrer à ces écoles.

« Aux Elèves,

« Travaillez toujours avec un bon éclairage.

« Tenez les yeux à la distance d'au moins 30 centimètres du livre ou du cahier.

« Travaillez le corps droit, bien en face de la table.

« Ecrivez droit sur papier droit.

« Ne travaillez pas sur des livres imprimés très fins.

La Société d'ophtalmologie admit ces conclusions et vota l'envoi de ce rapport au ministre de l'instruction publique, et pourtant les conclusions renfermaient des banalités et des inexactitudes.

A cette époque, les autorités qui préconisaient si fort l'écriture droite auprès des pouvoirs publics en étaient à dire que pour passer de l'écriture droite à l'écriture penchée il n'y avait qu'à incliner le papier vers la gauche. Leurs notions sur le mécanisme de l'écriture étaient-elles assez insuffisantes ou erronées !

En 1893, Javal fait encore émettre par l'Académie de médecine un vote favorable à l'écriture droite, et à la suite de ce vote, le ministre de l'instruction publique prenait un arrêté par lequel l'écriture droite était acceptée pour l'examen du certificat d'études primaires et du brevet de capacité.

Enhardis par de si brillants succès officiels, les principaux partisans de l'écriture droite fondèrent en 1908 une ligue à la tête de laquelle nous ne voyons pas sans surprise M. le professeur Landouzy comme président.

Et ces partisans continuent naturellement à vanter les avantages de l'écriture droite : lisibilité, élégance, suppression ou diminution de la myopie, des déviations de la colonne vertébrale, de la déformation des côtes et du sternum et des troubles généraux résultant de la compression du thorax, etc. Nous venons de voir ce qu'il en est de ces avantages.

Ceux qui hésitent encore à se prononcer se rangent à l'avis de Javal. Ce dernier disait en 1893 à l'Académie de médecine que l'écriture très rapide des adultes devait être penchée, le papier étant incliné ; que l'écriture des enfants devait être droite, le cahier étant tenu droit, que l'adoption de l'écriture droite pour le premier enseignement n'apportait aucun obstacle à l'emploi ultérieur de l'écriture penchée, et qu'enfin il fallait imposer l'écriture absolument droite aux jeunes enfants, et passer brusquement à l'écriture penchée au moment opportun.

Cette demi-mesure semble mettre tout le monde d'accord, mais ce n'est qu'une consécration officielle de plus de l'écriture droite contre laquelle nous protestons.

D'ailleurs la confiance dans la supériorité de l'écriture droite nous paraît s'ébranler beaucoup, à en juger notamment par cette faible défense que nous trouvons sous la plume si autorisée de deux auteurs d'une grande notoriété et d'une grande compétence, MM. Wurtz et Bourges. Voici ce qu'ils écrivent dans la seconde édition de la *Pratique médico-chirurgicale*, t. IV, p. 536 : « Nous serions disposés à penser que l'écriture la plus naturelle, et par suite la moins fatigante et la plus hygiénique, se rapproche plutôt de l'écriture droite. En effet, il est à remarquer que presque tous les hommes écrivant beaucoup, auxquels on a enseigné l'écriture inclinée, et qui ne sont pas soumis à une écriture réglementaire, comme les employés de commerce ou d'administration, ont peu à peu tendance à redresser leur écriture. »

*
* *

M. Beauvois (*Société française d'ophtalmologie*, 1909)

trouve que nos figures 3 et 4 sont inexactes. Il ne s'agit pas là, dit-il, d'enfants se tenant bien. Dans la figure 3, le cahier est mal placé ; il devrait être exactement au milieu du corps comme l'indique la maison Hachette, et comme l'ont conseillé Javal et Belliard.. De cette façon les deux yeux sont placés à des distances respectivement égales de la ligne, et étant donné le peu de largeur ordinaire des cahiers ou du papier, la tête n'a qu'un très léger mouvement d'excursion à faire, si léger même qu'il sera à peine nécessaire dans la plupart des cas.

Si c'est là la seule inexactitude que M. Beauvois ait à reprocher à nos figures qui représentent le mécanisme de l'écriture droite, nous lui donnons satisfaction. N'avons-nous pas dit, en décrivant le mécanisme de l'écriture droite : « Dans l'écriture droite, le cahier est placé un peu en dedans (à gauche) de la ligne médiane du corps (fig. 3). Il est vrai que dans cette figure le cahier n'est pas figuré un peu en dedans comme nous le disons dans le texte ; mais si M. Beauvois désire que la volonté de Javal et de la maison Hachette soit faite, plaçons le cahier exactement, mathématiquement au milieu du corps, qu'à cela ne tienne, car nous considérons ce petit déplacement comme insignifiant. Ce qui est à considérer dans nos figures 3 et 4, c'est le changement de position du membre supérieur droit pendant l'exécution de la ligne. C'est là l'important. C'est ce changement qui supprime le point d'appui qui au contraire reste fixe dans le mécanisme de l'écriture penchée.

**

En résumé, il convient surtout, au point de vue théorique, de déterminer quelle est la meilleure attitude que doit prendre l'enfant pour écrire.

Nous disons au point de vue théorique, car on a beaucoup exagéré les inconvénients des attitudes dites vicieuses.

Le mécanisme typique de l'écriture penchée, inclinée, donne la meilleure attitude, c'est pourquoi on doit enseigner l'écriture penchée aux enfants.

Le mécanisme typique de l'écriture droite prédispose aux attitudes vicieuses.

L'écriture penchée est donc le meilleur mode d'écriture (fig. 6).

Jusqu'à présent on n'a pas été d'accord sur cette question, parce qu'on n'avait pas étudié complètement le mécanisme typique des écritures penchée et droite, et surtout qu'on avait omis d'étudier le mécanisme de l'écriture droite pendant le cours de l'écriture.

Nous avons décrit ces mécanismes dans notre communication à la Société française d'ophtalmologie (mai 1908), et en nous basant sur des principes de physiologie et d'orthopédie nous avons démontré que le mécanisme de l'écriture penchée était supérieur, préférable au mécanisme de l'écriture droite, parce qu'il assure la position de repos au rachis alors que le mécanisme de l'écriture droite en est incapable.

Imp. J. Thevenot, Saint-Dizier (Haute-Marne)

169.

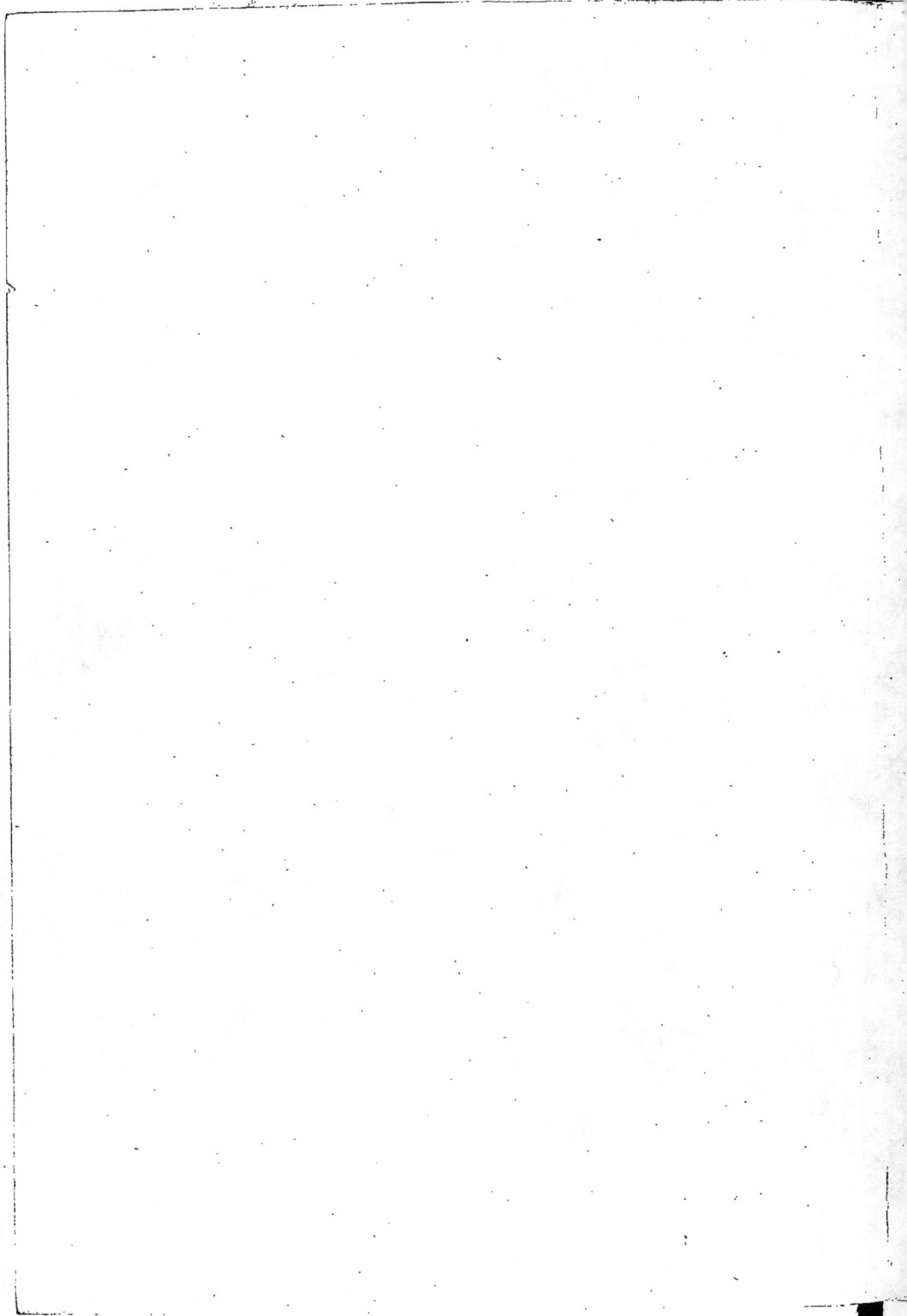